Made in the USA
San Bernardino, CA
19 February 2020

64715894R00069